Alexander und Cindy Fischer

Ein Kurztrip nach New York:
die wichtigsten Sehenswürdigkeiten des Big Apple

Bibliografische Information der Deutschen Nationalbibliothek:

Die Deutsche Nationalbibliothek verzeichnet diese Publikation in der Deutschen Nationalbibliografie; detaillierte bibliografische Daten sind im Internet über http://dnb.d-nb.de abrufbar.

Impressum:

Lektorat: Christine Hoffner

Copyright © 2014 GRIN & Travel

Ein Imprint der GRIN Verlag GmbH

Ein kurzer Überblick

Für unsere erste Rundreise über den nordamerikanischen Kontinent suchten wir uns den Osten der USA aus. Empfohlen wurde uns diese Region vor allem aufgrund ihrer bekanntesten Großstadt – New York. Von erfahrenen USA-Reisenden aus unserem Bekanntenkreis hörten wir oft die Worte: „Wer das erste Mal nach Amerika reist, muss den Big Apple gesehen haben!" New York war uns natürlich ein Begriff, aber wir kannten es nur aus Filmen und Reportagen. Somit war uns klar, wo wir unsere Reise starten wollten. Als Gegenpol zur größten Stadt der USA und Ziel unseres USA-Trips suchten wir uns Florida aus: „Sonne, Strand und Seele baumeln lassen", war im zweiten Teil unseres Urlaubs das Motto. Auf dem Routenplaner standen somit außer New York noch Miami und der Inselarm Key West, über die wir in dem Buch „Der Süden Floridas" berichten.

Startvorbereitungen

Das Reiseziel

Unser erstes Reiseziel New York stand also schnell fest. Die Entscheidung für Florida fiel uns dagegen nicht so leicht, obwohl der südöstliche Bundesstaat mit vielen tollen Sehenswürdigkeiten lockte, wie in unserem Reisebericht zu Florida nachzulesen ist.

Auf der Suche nach weiteren Routenpunkten für unsere Amerikareise schauten wir uns auf einer Karte die Ostküste der USA näher an. Schnell stellten wir fest, dass wir eine schwere Wahl treffen mussten. Denn es gab eindeutig viel zu viele interessante Reiseziele, die wir niemals alle in diesem Urlaub hätten abfahren können. Wenn man New York als Ausgangspunkt nimmt, standen uns der Norden, der Westen und der südliche Teil zur Auswahl.

Im Norden hat man die Möglichkeit – nach einer kurzen Fahrt durch die Natur – die Großstadt Boston zu besichtigen, den Niagarafällen an der Grenze zu Kanada oder dem nahegelegenen Toronto am Ontario See einen Besuch abzustatten. Eventuell kann man hier auch noch einen Abstecher nach Cleveland am Eriesee machen, wenn dies die kurze Zeit eines Urlaubs zulässt.

Westlich von New York liegen die politisch und kulturell sehr interessanten Städte Washington, Philadelphia und Baltimore. Ganz im Süden findet sich Florida mit seinem warmen Klima, den Vergnügungsparks sowie Sonne, Strand und Meer. Als wir unsere verfügbaren Urlaubstage mit den Fahrzeiten und Kilometerangaben verglichen hatten, war uns schnell klar, dass unsere Wahl auf Florida fallen würde. Denn nur auf dieser Route konnten wir unsere Reisezeit am effektivsten nutzen. Im Norden und Westen von New York hätten wir zu große Entfernungen zurücklegen müssen. Mit der Wahl all dieser anderen Ziele hätten wir den Zeitrahmen unseres Urlaubs gesprengt.

Noch ein paar wichtige Reise-Tipps vorweg

Unsere USA-Reise planten wir für den Herbst. Das Zeitfenster Mitte September bis Ende Oktober hatte den Vorteil, dass wir keine allzu warmen Sachen mitnehmen mussten. Das Klima in New York ist dem in Deutschland sehr ähnlich. Wir hatten Glück und erwischten einen milden Herbst.

Im Herbst hat es in New York im Schnitt zwischen 16°C und 21°C Grad. Während des zweiten Teils unserer Reise erwarteten uns in Florida sommerliche Temperaturen zwischen 23°C und 30°C Grad. Ohne dicke Klamotten und mit halb gefüllten Koffern – schließlich wollten wir uns in den USA shoppingtechnisch richtig austoben – waren wir bereit, unsere Reise zu starten.

Für unsere erste große Reise über den Atlantik und einen USA-Aufenthalt von fast drei Wochen mussten wir noch passende Flüge buchen. Wie viele andere Fernreisende waren wir bei unserer ersten Flugbuchung etwas unsicher. Wir mussten uns zwischen Flügen ohne Stopp (Direktflügen) oder Flügen mit einem oder mehreren Stopps (Zwischenlandungen) entscheiden. Die Gesamtreisezeit sowie die Gesamtkosten sollten sich in Grenzen halten. Wir entschieden uns schlussendlich für einen one-stop-Flug von British Airways. Mit einer Ersparnis von ca. 150 Euro pro Person und einer zweieinhalb Stunden längeren Gesamtflugzeit im Vergleich zu einem non-stop Flug, konnten wir uns mit einem Zwischenstopp in London schnell anfreunden.

Den Beginn unserer Reise legten wir auf einen Tag mitten in der Woche. Zum einen waren so die Flugtickets günstiger, zum anderen mussten wir keine volle Woche mehr arbeiten. Bei unserer Rückkehr aus Amerika standen wieder nur ein paar Arbeitstage an, bis wir auch schon das nächste Wochenende genießen konnten.

New York – Here we come!

Abfahrt und … Abflug!

An diese kurze Arbeitswoche hätten wir uns gewöhnen können. So schnell wie unser Abreisetag näher rückte, verging eine Arbeitswoche sonst nie. Die Nacht vor dem Abflug schliefen wir kaum, zu groß war die Aufregung, endlich unsere erste Fernreise in die USA anzutreten. Wir wollten außerdem unseren Flug, der um halb elf vom Münchner Flughafen aus startete, nicht verpassen. Unsere Angst war berechtigt, denn von der Fluggesellschaft war uns empfohlen worden, ca. zwei Stunden vor dem Start am Flughafen zu erscheinen.

Um pünktlich am Flughafen zu sein, mussten wir um 6:00 Uhr in unserem verschlafenen Nest losfahren und noch viel früher aufstehen. Da wir nur hoffen konnten, dass unser bestelltes Taxi pünktlich da sein würde und der Regionalzug zum Münchener Hauptbahnhof heute auch keine Verspätung hatte, war die Aufregung berechtigt. Erleichtert waren wir erst, als wir am Hauptbahnhof in die S-Bahn Linie S8 zum Flughafen einsteigen konnten.

Am Münchner Flughafen angekommen, wurde uns klar, warum wir so früh da sein mussten: Wir wurden direkt bis nach New York eingecheckt. Wir erhielten bereits unsere Tickets für den Flug ab London und würden in London nur zu einem anderen Gate wechseln müssen. Die Koffer sollten automatisch auf den Weiterflug umgeroutet werden. Auch die Sicherheitskontrolle dauerte aufgrund der vielen Reisenden sehr lange. Aber um einen sicheren Flug zu gewährleisten, nahmen alle die gründlichen Kontrollen gern in Kauf.

Der Flug nach London Heathrow dauerte ca. zwei Stunden. Dort angekommen, kam bei uns etwas Hektik auf, denn wir hatten nur anderthalb Stunden Zeit, um unseren Anschlussflug zu erreichen. Das klingt im ersten Moment nach viel Zeit, aber wer sich auf dem größten Flughafen Europas und dem drittgrößten der Welt nicht auskennt, freut sich über jede zusätzliche Minute. Schlussendlich fanden wir unser Gate noch rechtzeitig, auch wenn die meisten Passagiere bereits in der Maschine saßen und wir fast die letzten waren.

Auf diesen Umsteige-Stress hatten wir uns nicht vorbereitet. So hatten wir leider überhaupt keine Zeit mehr, uns für den Flug mit ein paar Kleinigkeiten, wie zum Beispiel etwas zum Lesen oder etwas Süßem einzudecken. Wir wussten zwar, dass es im Einstiegsbereich des Fliegers immer genügend Zeitungen und Zeitschriften kostenfrei gab, jedoch dachten wir nicht daran, dass in London keine deutschsprachige Lektüre angeboten wird und wir als letzte Passagiere auch nicht mehr viel abbekommen würden. Naja, auch ohne diese Annehmlichkeiten machten wir es uns im Flieger gemütlich. Nachdem sich meine Frau direkt nach dem Start mit der Einnahme ihrer Schlaftablette von mir verabschiedete und mir einen guten Flug wünschte, fieberte ich den kommenden Highlights des Fluges – Essen, Filmeschauen, Schlafen, Lesen und Landung – entgegen.

Landung und Sightseeing im Shuttlebus

Wie geplant landeten wir pünktlich nach dem 7,5-stündigen Flug um 15:30 Uhr Ortszeit in New York auf dem John F. Kennedy International Airport. Der Flug verlief ruhig und ohne besondere Vorkommnisse. Das sagen doch Vielflieger so, oder? Die Ankunft am Flughafen war jedoch nur die halbe Miete. Denn unser eigentliches Ziel war ja unser Hotel in Manhattan, das „nur" 24 Kilometer vom Flughafen entfernt lag. Bei uns daheim auf dem Land bräuchten wir keine 20 Minuten für diese Strecke. In New York ist das aber eine fast unüberbrückbare Distanz.

Da wir vorher noch nie auf dem amerikanischen Kontinent waren, wollten wir uns nicht nach dem ersten Betreten des Landes auf eigene Faust durch den Verkehrsdschungel kämpfen. Denn es gibt sehr viele Möglichkeiten, vom Flughafen in die City zu kommen.

Auf dem Flughafengelände fährt die Schienenbahn Airtrain, die die Reisenden zu den Verkehrsmitteln außerhalb des Airports bringt. Es gibt zwei regelmäßig verkehrende Buslinien als Shuttle zur Grand Central Station oder zur U-Bahn-Station Jefferson Boulevard. Alternativ kann man auch mit Taxen, freien Transportunternehmen, Limousinenservices oder der Subway (U-Bahn) fahren. Da wir nicht wussten, was für uns der beste Weg wäre, um in die Innenstadt zu kommen, buchten wir zusammen mit den Flügen einen Transfer nach Manhattan. Nach dem langen Tag wollten wir einfach nur schnell und unkompliziert ins Hotel kommen.

Bei der Buchung des Transfers im Reisebüro hieß es damals lapidar: „Da holt Sie jemand direkt am Ausgang vom Gate ab und fährt Sie ins Hotel". Wir dachten da an einen netten Mann in Uniform, der mit einem Namensschild auf uns wartet – weil in Amerika irgendwie jeder, der im Service arbeitet, eine Uniform trägt, zumindest in amerikanischen Filmen – und uns in seiner schicken Limousine nach Manhattan fährt. Aber es sollte doch etwas anders kommen als gedacht.

Nachdem wir unsere Koffer in Empfang genommen hatten, standen wir im Ausgangsbereich. Dort, wo auch viele andere Menschen mit Schildern in der Hand auf Ankömmlinge warteten. Aber keiner von ihnen hielt ein Schild mit unserem Namen hoch. Irgendwie fanden genug Wartende einen ankommenden Fluggast, nur auf uns wartete komischerweise niemand. Nach einer ganzen Weile sprach uns eine etwas ältere Dame an, ob wir die Fischers seien. Überrascht und sprachlos konnten wir dann nur nicken. Die Dame war offensichtlich erleichtert und wir etwas verwirrt.

Was uns hier so die Sprache verschlagen hätte, fragen Sie sich jetzt bestimmt. Wir wollen es mal so sagen: Wir waren nicht tausende Kilometer um den halben Erdball geflogen, um dann eine moderierte Sightseeing Tour vom Airport nach Manhattan mit einer kurz vor der Rente stehenden Dame aus dem tiefsten Sachsenland zu machen.

Zudem war alles, was die Dame am Leib trug, pink. Der Hut, die Jacke, die Hose, die Schuhe – und sogar eine rosa Uhr hatte sie an. Das Ganze war auch kein Kostüm, die gebürtige Chemnitzerin lief scheinbar immer so herum.

Nachdem sie nun wusste, dass sie ihre Zielobjekte gefunden hatte, war sie glücklich, denn wie sich herausstellte, waren wir die letzten Fluggäste, die sie einsammeln musste. Sie sagte nur so etwas wie: „No ändlisch. Gehen Sie mol gleesch da voorn durch dii Dier, do warded schon der fohrer äuf eich." Von da an verstanden wir nichts mehr. Wir hatten uns vor der Reise schon auf gewisse sprachliche Barrieren eingestellt, aber die betrafen eher die englische Sprache und nicht einen tiefsächsischen Dialekt mitten in New York. Wie auch immer, zumindest war die Dame sehr nett und unterhielt uns während der gesamten Fahrt köstlich. Verstanden haben wir zwar nicht viel, aber lustig fanden es alle Reisenden in dem kleinen Bus. Der übrigens aussah wie ein Lieferwagen von UPS, nur mit Fenstern an den Seiten.

Laut Routenplaner sollte die Fahrt vom JFK International Airport nach Manhattan nur ca. 35 Minuten dauern. In der Rush Hour brauchten wir dann aber doch ganze 90 Minuten. Während der Fahrt erfuhren wir jedoch eine Menge Interessantes. Zum Beispiel über das riesige Sportareal Flushing Meadows Park, wo jährlich die US-Open des Tennis stattfinden. Bei unserer Reiseführerin klang das ungefähr so: „Fläsching Mädaus Pork". Auch über die vielen Tunnel und Brücken, die „Mänhäddn" mit dem Festland verbinden, erzählte die Dame viel. Leider verstanden wir von all dem fast nichts, und unser deutsch-englisches Wörterbuch konnte uns dabei auch nicht wirklich helfen.

Je näher wir der Skyline von Manhattan kamen, desto weniger konnten wir der Stimme unserer Pink-Lady folgen. Es war einfach zu faszinierend, den Anblick von New York mit eigenen Augen zu genießen. Unzählige, riesige Tower wohin wir schauten. Alle waren beleuchtet und rund um uns herum war nur hupender Verkehr. Um nach Manhattan zu gelangen, mussten wir erst durch den langen Queens-Midtown-Tunnel fahren. Als wir zurück an die Oberfläche kamen, waren wir sofort mitten drin im Big Apple. Überall standen Wolkenkratzer, die so hoch waren, dass die Spitzen nicht mehr zu sehen war. Zudem war es trotz abendlicher Dämmerung fast taghell. Alles blinkte und leuchtete und schien in Bewegung zu sein. Alles erschien uns irgendwie total surreal, obwohl wir doch leibhaftig da waren. Einfach unbeschreiblich.

Am Hotel angekommen gaben wir dem Fahrer das in Amerika obligatorische Trinkgeld, denn dieser brachte unsere Koffer bis zur Rezeption. Die nette Pink-Lady nahm kein Trinkgeld. Sie sagte uns, dass sie bei einem deutschen Reiseveranstalter angestellt sei und gutes Geld verdiene. Ihr war es wichtig, dass die weniger gut bezahlten Servicekräfte das ihnen zustehende Trinkgeld bekamen. Recht hatte sie. Bei der Budget-Planung unserer Reise hatten wir Trinkgelder in Höhe von ca. zehn Prozent bei Rechnungen und bis zu ein bis fünf Dollar bei Servicekräften, wie unserem Fahrer, eingeplant. Im Großen und Ganzen waren wir am Ende mit dem Transfer zufrieden. Bei der Verabschiedung überraschte uns Pink-Lady doch noch. Jeder Reisende erhielt von ihr einen 50%-Gutschein für die Aussichtsplattform des Empire State Building. Dazu gab sie uns noch den Tipp, dass die Plattform bis nachts um 01:00 Uhr geöffnet hat. Damit war für uns klar, was wir an diesem Abend noch unternehmen würden.

Erste Orientierung und kleinere Überraschungen

Bevor wir auf das höchste Gebäude der Stadt stiegen, wollten wir uns erst einmal in unserem Hotelzimmer frisch machen. Raus aus den Klamotten, die wir mittlerweile seit 18 Stunden trugen. Komisch, trotz der langen Reisezeit fühlten wir uns topfit. Wahrscheinlich waren wir voller Adrenalin und das pulsierende Manhattan tat sein Übriges. Durch die Zeitverschiebung war es auch erst früher Abend, an Schlafen war also noch gar nicht zu denken.

Unser Hotel lag in der 8. Avenue Ecke 34. Strasse, also ziemlich zentral in der Gegend von Manhattan, in der auch abends noch etwas los ist. Im näheren Umkreis von ein paar Straßenblocks gab es das Empire State Building, das größte Kaufhaus der Welt, Macy's, den Eventpalast Madison Square Garden, die riesige Penn Station mit mehreren U-Bahnlinien und den Time Square, der ja bekanntlich nie schläft. Auch zum Hudson River, wo wir morgen früh gleich hin wollten, war es nicht weit.

An der Rezeption baten wir um ein Eckzimmer in den oberen Stockwerken und ergatterten auch tatsächlich eines im 23. Stock, denn wir wollten von dort einen guten Blick über Manhattan haben. Den Tipp mit dem Eckzimmer weit oben hatten wir in einem Internetforum gefunden. Dadurch sollten wir einen noch besseren Blick auf verschiedene Teile von Manhattan ergattern können. Unser Zimmer holte uns jedoch schnell wieder auf den Boden der Tatsachen zurück.

Das Hotel hatte nicht nur von außen betrachtet einen etwas älteren Style – nein, auch innen wurde die Thematik sehr realistisch umgesetzt. Das Zimmer war sehr klein und wirkte abgewohnt. Die Klimaanlage, die je zur einen Hälfte im Zimmer und zur anderen Hälfte an der Außenwand angebracht war, klapperte unaufhörlich und der Teppich war durchgetreten. Auch das Bad war sehr winzig und roch nach Desinfektionsmittel, das Wasser aus dem Hahn zusätzlich noch nach Chlor. Beim Anblick der Badewanne hatten wir beide den gleichen fragenden Blick: Sitzen Amerikaner mit angewinkelten Beinen in der Badewanne? Denn nichts anderes konnten wir vermuten, als wir die Badewanne mit den geschätzten Maßen von 80 cm x 60 cm x 50 cm sahen. Oder ein besserer Vergleich – die Badewanne sah ungefähr so aus wie der Sockel einer deutschen Duschkabine. Nur, dass der Sockel ca. 50 cm hoch war. Aber Amerika ist ja ein freies Land. Das kommt wohl dabei raus.

Nachdem wir zurück auf den Gang liefen, um nachzusehen, ob wir auch im richtigen Zimmer waren, fiel uns auf, dass die gesamte Etage einen etwas ranzigen Eindruck machte. Auch die Hellhörigkeit der Zimmer fiel uns erst jetzt auf. Ein Zimmertausch käme damit einer Entscheidung zwischen Not und Elend beziehungsweise Pest oder Cholera gleich. Wir entschieden, dass das Hotelzimmer zum Schlafen ausreiche und ärgerten uns nur kurz darüber. Das Kapitel Hotelzimmer hakten wir als Fehlbuchung ab. Uns erwarteten auf der Reise noch andere Hotels, die sicherlich mehr Charme versprühen würden.

Einzig der Ausblick aus dem 23. Stock war beeindruckend, obwohl die meisten anderen umliegenden Hochhäuser deutlich höher waren. Wir machten das Licht aus und schoben das Fenster ungefähr 15 cm nach oben. Ob es kaputt war oder generell nur dieses kleine Stück zu öffnen war, fanden wir nie heraus. Wir tippen aber auf Ersteres.

Da saßen wir nun in unserem abgeranzten, dunklen Zimmer bei geöffnetem Fenster. Seit mehr als 18 Stunden waren wir auf den Beinen und lauschten dem Geräuschpegel, der aus den Straßenschluchten empor stieg. Es gibt unglaublich viele unterschiedliche Sirenen und es gab nicht eine Minute, in der mal keine von ihnen heulte. Zudem hupte und rauschte es in einer Tour, sodass wir uns Sorgen machten, ob wir ohne Ohrstöpsel überhaupt schlafen könnten. Der Ausblick über die vor uns liegenden Dächer war dafür umso schöner. Denn überall waren die Fenster in den Towers beleuchtet und wir bekamen so langsam ein Gefühl dafür, wie mächtig und riesig New York eigentlich wirklich ist.

Empire State Building bei Nacht

Nach dem kurzen Aufenthalt in unserem Hotelzimmer machten wir uns endlich auf, das Empire State Building zu besuchen. Wir mussten nur aus unserem Hotel raus und die 34. Straße ca. einen Kilometer bis zur berühmten Einkaufsstraße, der Fifth Avenue, gehen, an der das Empire State Building steht. Diese Distanz trauten wir uns trotz des anstrengenden Tages durchaus noch zu. Das früher höchste Gebäude der Welt leuchtete uns schon in verschiedenen Blautönen entgegen. Die Beleuchtung des Empire State Buildings erfolgt nicht willkürlich: Im Internet auf der offiziellen Webseite des Towers ist der umfangreiche Beleuchtungsplan einsehbar.

Das beleuchtete Empire State Building bei Nacht.

So wissen New York-Reisende bereits vor ihrem Besuch, wann das Gebäude in welchen Farben erstrahlen wird und was diese bedeuten.

Nachdem wir uns an einem kleinen, rollenden Hot-Dog-Stand unsere erste amerikanische Mahlzeit gegönnt hatten, waren wir bereit für den Aufstieg auf das Empire State Building. Wer in New York mehrere Sehenswürdigkeiten besuchen möchte, sollte sich übrigens vorab bereits überlegen, ob sich der Kauf des New York CityPASS lohnt. Sparfüchse können mit diesem Couponheft bis zu 41% der Eintrittsgelder sparen, die mitunter ganz schön gesalzen sein können.

Der New York CityPASS beinhaltet folgende Sehenswürdigkeiten:

1. Aussichtsplattform des Empire State Buildings

2. American Museum of Natural History

3. Metropolitan Museum of Art

4. MoMA (Museum of Modern Art)

5. Top of the Rock ODER Guggenheim Museum

6. Freiheitsstatue und Ellis Island ODER Bootsrundfahrten mit der Circle Line

Nähere Informationen gibt es auf der deutschsprachigen Webseite.

Da wir bereits einen separaten 50%-Gutschein für das Empire State Building hatten und von der Liste nur noch Top of the Rock besuchen und eine Bootsrundfahrten mit der Circle Line machen wollten, kam der New York CityPASS für uns nicht in Frage.

Die Art-déco-Lobby des Empire State Buildings

Den Besuchereingang für die beiden Aussichtsplattformen in der 86. Etage und in der 102. Etage des Empire State Buildings fanden wir ziemlich schnell. Wir mussten nur den Hunderten anderen Touristen folgen. In uns keimte der hoffnungsvolle Gedanke, dass der Ausflug ohne größere Wartezeiten vonstatten gehen könnte.

In der Art-déco-Lobby angekommen, ging alles noch ziemlich zügig voran.

Größere Gruppen konnten mit mehreren Aufzügen in die höher gelegenen Etagen fahren. Ein paar Stockwerke unter der 86. Etage, wo ja die erste Aussichtsplattform lag, ging dann nichts mehr. Denn ab hier wurden die Gänge und Treppen enger und die Besucher krochen nur noch langsam vorwärts. Nach einem langen Tag ist so eine Situation natürlich ärgerlich. Unvorstellbar war der Gedanke, dass in diesem Gebäude bis zu 30.000 Menschen leben und arbeiten. Was würde passieren, wenn hier mal Panik ausbräche?

Der Grund für unsere Verzögerung war die Sicherheitskontrolle. Sehr akribisch wurde alles und jeder durchsucht. Wir mussten sogar unser Kamera-Stativ abgeben. Es sei einfach zu gefährlich, wenn etwas vom Gebäude fallen würde, wurde uns gesagt. Die Logik, die dahinter steckte, konnten wir allerdings nicht nachvollziehen. Denn unsere Mobil-Telefone sowie die 1,2 kg schwere Kamera, ja sogar Münzen und Schlüssel konnten wir mitnehmen. Wir waren zudem ganz sicher: Egal was wir von dort oben herunter geworfen hätten, es wäre am Ende nie gut ausgegangen. Aber ohne unser Stativ konnten wir leider keine schönen Bilder machen. Das war unserer Meinung nach der eigentliche Grund für die Abgabe. Denn ein Fotograf, der erst einmal sein Stativ aufbaut und dort oben an etlichen Positionen unzählige Fotos macht, würde den nicht abbrechenden Besucherstrom nur unnötig aufhalten.

Wie auch immer, nach guten 45 Minuten war es dann soweit. Wir durften in den Aufzug einsteigen, der zur Plattform in der 86. Etage fuhr. Hier konnten wir das erste Mal seit längerer Zeit frische Luft in New York schnuppern. Denn der Stadtgeruch in den Straßen war anfangs schon etwas gewöhnungsbedürftig gewesen. Vom Ausblick in die mittlerweile dunkle, aber gleichzeitig hell beleuchtete Nacht waren wir begeistert. Wir hatten sehr gute Sicht und konnten in alle Richtungen ganz Manhattan überblicken. Dabei war der aus dem Hotelzimmer bereits bekannte Geräuschpegel wieder allgegenwärtig. Selbst im 86. Stock konnten wir den Verkehr und die Sirenen hören.

New York bei Nacht

Das Fotografieren der New Yorker Skyline im Dunkeln war leider sehr schwierig. Zum einen, weil wir unser Stativ nicht nutzen konnten, zum anderen, weil es auf der Plattform sehr voll war. Zusätzlich waren die teilweise schrägen Gitter, durch welche die Touristen hindurchschauen mussten, auch nicht gerade förderlich für eine gerade und standfeste Kameraposition.

Als Tipp kann ich jedem Besucher des Empire State Buildings nur mitgeben: Wenn man im Dunkeln die Aussichtsplattformen besucht, sollte man seine großen Kameras inklusive sämtlichen Zubehörs im Hotelzimmer lassen. Man bekommt sowieso keine vernünftigen und wackelfreien Bilder hin. Lieber sollte man ein Fernrohr oder ein Fernglas mitnehmen. Wir durften durch das Fernglas eines anderen deutschen Touristen blicken, was viel interessanter war. Wir konnten direkt in die vielen beleuchteten Häuser schauen, die Straßenschluchten entlang suchen und viele kleine Details entdecken. Wie bei einer riesigen Modelleisenbahn gab es unendlich viele Dinge zu sehen und zu beobachten.

Aussicht auf das Chrysler Building

Wenn es in der Höhe von ca. 320 Metern nicht so kalt gewesen wäre, hätten wir sicherlich bis zur Schließung der Plattform um 1:00 Uhr dort unseren Abend verbracht. Aber an diesem Spätherbsttag war es schon knackig kalt geworden. Die zweite Plattform in der 102. Etage besuchten wir daher nicht mehr. Denn recht viel anders sieht New York 16 Etagen höher bei Nacht auch nicht aus. Zudem ist die obere Aussichtsplattform verglast und nicht nach außen begehbar.

Zurück am Boden und wieder mit vollständiger Fotoausrüstung beladen, ging es Richtung Hotel. Dieses Mal nahmen wir aber die 33. Straße, um so viel Neues wie möglich von New York aufzunehmen. Uns fielen dabei die vielen Kürbisse am Straßenrand auf. An jedem kleinen Bäumchen hatte jemand viele kleine und größere Kürbisse platziert. Natürlich, in den kommenden Tagen stand ja auch Halloween vor der Tür. Eine derartige und vor allem aufwendige Straßendekoration war uns bis dahin neu gewesen.

Halloween-Vorfreude am Straßenrand

In einem riesigen, 24 Stunden geöffneten Drogeriemarkt der Kette Walgreens, deckten wir uns noch mit ein paar Artikeln des täglichen Bedarfs ein. Neben Zahncreme, Kopfschmerztabletten und Sonnenschutz waren wir vor allem auf der Suche nach Ohrstöpseln. Denn ohne diese wollten wir die Nacht nicht antreten. Auf dem Weg zum Hotel hatten trotz später Stunde noch viele kleine Läden geöffnet. Die Filialen der großen Handelsketten hatten allerdings alle bereits geschlossen. Überall wimmelte es nur so von Menschen und Autos, davon gefühlt fast jedes zweite ein Taxi. Als wir am Madison Square Garden vorbeiliefen, wurde uns klar, wo die vielen Menschen hingingen. Sie wollten sich ein NBA-Basketballspiel der New York Knicks anschauen. Schräg gegenüber war zum Glück schon unser Hotel, denn wir waren mittlerweile hundemüde. Unser letzter Wunsch für diesen Tag war eine ruhige Nacht.

Neonlicht, soweit das Auge reicht

New York bei Tag – Erste Eindrücke

Variable Frühstücksmöglichkeiten

Auch wenn der erste Tag in New York sehr lang war und wir sofort einschliefen, waren wir bereits wieder früh auf den Beinen. Vielleicht lag es an der Zeitverschiebung von sechs Stunden oder weil wir aufgeregt und voller Vorfreude auf das Programm des ersten Tages waren. Wir planten, eine Stadtrundfahrt mit dem Schiff um die Skyline von Manhattan zu unternehmen.

Unsere erste Amtshandlung allerdings war der Besuch des hoteleigenen Diners. Das kleine, urige Restaurant lag direkt neben dem Foyer mit Blick auf die große Straßenkreuzung vor dem Hotel. Vom Stil her befanden wir uns einige Jahrzehnte in der Vergangenheit und es hatte den Anschein, als ob es völlig normal wäre, wenn Elvis Presley gleich zur Tür hereinspazieren würde. Das Ambiente war natürlich nur dem damaligen Stil nachempfunden und nicht aus Originalen zusammengesetzt, dazu sah alles viel zu neu aus.

Da wir Übernachtung mit Frühstück gebucht hatten, erhielten wir am Empfang unsere Voucher für das Frühstück, welches wir uns nicht entgehen lassen wollten. Wie in Amerika typisch, wurden warme und kalte sowie süße und herzhafte Gerichte angeboten. Unser Gutschein beinhaltete allerdings nur ein kleines amerikanisches Frühstück, bestehend aus zwei Scheiben Toast, einem kleinen abgepackten Päckchen Marmelade sowie etwas Butter. Dazu gab es einen Kaffee. Wow, das als Stärkung am frühen Morgen erschien uns doch etwas kümmerlich.

Wir suchten uns einen Platz direkt am Fenster, um die vorbeihuschenden Menschen in der New Yorker Rush Hour zu beobachten. Wir hatten das Gefühl, vor einem Fernseher zu sitzen, so konzentriert beobachteten wir alles. So ist das scheinbar beim ersten Besuch in New York. Uns fiel auf, dass nahezu jeder New Yorker mit seinem eigenen tragbaren Kaffeebecher herum lief. Es gab nur wenige Menschen, die mit den üblichen Pappbechern ausgestattet waren und noch weniger Menschen, die gar keinen Becher in der Hand hielten. War es etwa ratsamer, seinen eigenen Kaffee mitzunehmen, anstatt fertigen Kaffee zu kaufen?

Wir wurden schnell aus unseren Beobachtungen gerissen, als wir die ersten Bissen unseres Frühstücks zu uns nahmen. Die Enttäuschung war groß, da weder der labbrige Toast noch der Kaffee schmeckten. Alles war fad, billig und der Kaffee hatte einen merkwürdigen Nachgeschmack. Wir fragten uns, ob die Restaurants wirklich mit dem chlorhaltigen Wasser aus der Leitung ihren Kaffee kochten. Ohne fertig zu frühstücken, brachen wir auf, denn wir hatten einen Termin am Pier 83 und wollten vorher noch etwas Nahrhaftes und Gesünderes essen.

Die Zielvorgabe war klar: Pier 83 mussten wir bis 10:00 Uhr erreicht haben, dann startete dort unsere Boot-Stadtrundfahrt. Wir mussten nur die 34. Straße vor dem Hotel bis zum Hudson River entlang und dann nach rechts zum Hafen hinunter laufen. Das Empire State Building diesmal im Rücken, war der 1.700 Meter lange Fußweg bei herrlicher Morgensonne keine Hürde für uns. Da wir gut in der Zeit lagen, mussten wir uns nicht abhetzen. Im Gegenteil: Wir schauten uns ausgiebig nach alternativen Möglichkeiten zum Frühstücken um und fanden an nahezu jeder Ecke leckere Angebote. Egal, welche Vorlieben man für sein Frühstück hat, ob herzhaft oder süß, in New York findet man immer, worauf man Appetit hat.

Uns wurde schnell klar, dass wir die Gutscheine fürs Frühstück vom Hotel nicht mehr brauchen würden, denn die vielfältigen Frühstücksangebote, die es überall in New York gibt, hätten wir nicht mal in zwei Monaten alle ausprobieren können. Mit Blick auf die nötige Pünktlichkeit gönnten wir uns leckere, belegte Bagels und super frischen, aromatischen Kaffee mit einem Schuss Karamell. Aufgrund des riesigen Angebotes an Essen in der Umgebung war das sogar verhältnismäßig günstig.

Eine Bootsfahrt, die ist lustig

Wie im Urlaub üblich, vergaßen wir die Zeit und wunderten uns am Ende, warum wir für eine so kurze Strecke doch so lang gebraucht hatten. Fünf Minuten vor zehn Uhr standen wir vor dem großen Pier 83 der Circle Line, dem größten Anbieter für Schiffsrundfahrten in New York. Der Stress war groß, denn wir wussten ja überhaupt nicht, wo, wie und was zu tun war. Nach Rückfragen bei Menschen in wichtig aussehender Uniform fanden wir das Kassenhäuschen und konnten noch zwei Karten für die Tour um 10:00 Uhr ergattern. Ohne es wirklich zu realisieren, saßen wir auch schon auf dem Boot und hatten 20 Meter Wasser zwischen uns und den Pier gebracht. Ab da konnten wir uns entspannen, denn die Fahrt dauerte fast zwei Stunden und im Anschluss daran hatten wir noch nicht viel geplant.

Am Pier 83, dem „Heimathafen" der Circle Line

27

Wer mehr über das Angebot von Circle Line erfahren möchte, findet alle wichtigen Informationen auf der offiziellen und deutschsprachigen Webseite von CityPASS.

Informationen zu Fahrplänen, Preisen und Öffnungszeiten gibt es direkt unter circleline42.com.

Circle Line bietet unterschiedliche Touren an, um New York mit dem Schiff zu erkunden. Es gibt eine zweistündige Harbor Lights Cruise, eine zweistündige Semi-Circle Cruise, eine 75-minütige Liberty Cruise, eine Fahrt mit dem Motorboot „The Beast" oder eine komplette Umrundung von Manhattan. Diese lange Tour wird ausschließlich von Circle Line angeboten. Eine interaktive Kartenübersicht sämtlicher Routen gibt es hier.

Wir entschieden uns für die zweistündige Semi-Circle Cruise. Hier wird Manhattan nur zur Hälfte umrundet und das Boot fährt zusätzlich am Einwanderungsmuseum Ellis Island sowie der Freiheitsstatue vorbei. Ganz wichtig: Es wird nur vorbeigefahren und das Boot hält nicht an. Wer diese beiden Sehenswürdigkeiten besuchen möchte, muss mit dem Unternehmen State Cruises fahren. Deren Fähren legen am Liberty State Park in Jersey City und beim Battery Park in Lower Manhattan ab. Informationen zu State Cruises gibt es auf ihrer Homepage.

Wir statteten den beiden Sehenswürdigkeiten diesmal keinen Besuch ab, da es uns vollkommen ausreichte, im Vorbeifahren einen Blick auf sie zu werfen. Da unser Aufenthalt in New York nicht unbegrenzt war, mussten wir die Liste unserer in Frage kommenden Ausflugziele priorisieren. Ellis Island, das Museum zur Geschichte der Einwanderung in die Vereinigten Staaten, schaffte es dabei leider nicht weit genug nach oben. Wer mehr über das Museum wissen will, der kann auf der offiziellen Webseite und bei Wikipedia eine Menge erfahren.

Ellis Island, die Einwandererinsel. Früher war dort die Einreisebehörde, heute steht hier ein Museum.

Auch die Freiheitsstatue reizte uns nicht wirklich, denn hier kommt es immer zu langen Wartezeiten, vor allem, wenn man der obersten Aussichtsplattform einen Besuch abstatten will. Da die Aussichtsplattform des Öfteren gesperrt ist, ist es von Vorteil, vor einem Besuch auf der offiziellen Internetseite nachzuschauen. Wer unbedingt das Einwanderungsmuseum und die Freiheitsstatue besuchen möchte, der sollte sich vorab das Angebot vom City Pass anschauen.

Das Central Railroad of New Jersey Terminal am Liberty State Park

Die Freiheitsstatue auf Liberty Island

Nach den ersten zwei Routenpunkten der Semi-Circle Cruise ging es weiter zur unteren Spitze von Manhattan, dem Battery Park und dem daran angeschlossenen großen Whitehall Terminal der Staten Island Fähre. Das Wetter war für unseren Ausflug perfekt: Der Himmel war blau, die Luft warm, die Bäume des Battery Parks waren bereits herbstlich gefärbt und im Hintergrund ragten die Wolkenkratzer in den Himmel. Einfach nur herrlich!

Der Battery Park an der Südspitze Manhattans ist eine der ältesten Parkanlagen in New York.

Als Nächstes sichteten wir das New Yorker Bankenviertel – die Wall Street, an der tagtäglich das Geld der Welt verwaltet und gehandelt wird. Ein gläserner Tower reihte sich an den nächsten. Laut dem Guide auf dem Boot, der während der Fahrt alles Mögliche erklärte, sind die Straßen der Wall Street am Wochenende menschenleer, da es hier ausschließlich Büros und kaum Wohnungen gibt. Wir waren gespannt, denn der Besuch der Wall Street an Land stand auch noch auf unserem Programm.

Whitehall Terminal

Bevor wir unter der Brooklyn Bridge hinweg fuhren, ging es vorbei am schön angelegten und maritimen South Street Seaport am Pier 17. Dieses historische Viertel beherbergt die ältesten Geschäftshäuser der Stadt, die zu Beginn des 19. Jahrhunderts erbaut wurden. Vom Wasser aus ist die Anlage mit ihren Gebäuden gut zu betrachten.

South Street Seaport am Pier 17

Das Highlight von Pier 17 sind aber die alten, dort vor Anker liegenden Segelschiffe. In diesem Viertel gibt es einen Markt mit vielen Geschäften und Restaurants, und es werden sowohl kulturelle als auch musikalische Veranstaltungen dort abgehalten. Auch dieses geschichtsträchtige Viertel, das zwischen dem Financial District und Chinatown liegt, wollten wir in den nächsten Tagen noch zu Fuß erkunden.

Die historischen Segelschiffe sind eine Attraktion für sich.

Die Durchfahrt unter der Brooklyn Bridge war ein besonderer Moment, denn obwohl wir vorher noch nie hier gewesen waren, kam uns die Brücke seltsam vertraut vor. Die berühmte Brooklyn Bridge dürfte jedem aus Filmen, Reportagen und Büchern ein Begriff sein. Wir genossen die Fahrt mittlerweile sehr, denn der späte Herbsttag hätte auch als ein früher Sommertag durchgehen können.

Die berühmte Brooklyn Bridge

Mit der Brooklyn Bridge und der New Yorker Skyline im Rücken geht die Fahrt
weiter.

Nachdem wir uns am bootseigenen Imbiss mit Kaffee und Eis versorgt hatten, bewunderten wir die Skyline von New York. Eine be-

sonders auffällige Form hatte das Chrysler Building, was den Wolkenkratzer zu unserem Lieblingstower werden ließ.

Die Turmspitze des Chrysler Buildings, eines von New Yorks Wahrzeichen

Das Empire State Building durfte natürlich auch nicht fehlen. Es ist allgegenwärtig, egal wo man sich gerade in Manhattan befindet.

Ein besonderer Kontrast fiel uns am East River auf. Auf der einen Seite sahen wir die unbezahlbaren Hochhäuser in allen Formen und Farben, auf der anderen Seite des Flusses befanden sich größtenteils nur alte Industrieanlagen, ein Kraftwerk und brachliegende Altlasten. Es ist sicher nur eine Frage der Zeit, bis das große Geld über den Fluss schwappt und auch dort der Bauboom beginnt. Kurz vor der nächsten Wende unseres Bootes fuhren wir noch an Roosevelt Island vorbei. Dies ist eine sehr kleine Insel im East River, die interessante Geschichten erzählen kann.

Denn die Insel beherbergte früher berüchtigte Straf- und Krankenanstalten und war Drehort für unzählige Hollywood-Filme. Auf der Insel kann ungestört gefilmt werden und gleichzeitig erhalten die Zuschauer einen atemberaubenden Blick auf die New Yorker Skyline. Wer mehr zur Filmstadt New York wissen will, der sollte sich vielleicht einer <u>Filmtour</u> anschließen.

Die außergewöhnliche Insel ist Schauplatz vieler Filme und Serien.

Roosevelt Island hat noch eine weitere Besonderheit zu bieten, denn die Insel ist nur mittels Subway und der Roosevelt Island Tramway, einer Seil- bzw. Kabinenbahn, zu erreichen. Wer etwas mehr Zeit in New York verbringt oder noch Zeit für ein besonderes Highlight hat, dem empfehlen wir den Besuch von Roosevelt Island. Besucher können die kleine Insel in Ruhe zu Fuß erkunden und mit der Gondel fahren. Aus Zeitgründen verschoben wir diese Station auf unseren nächsten New York Besuch. Umso schöner war es, wenigstens zweimal mit dem Boot daran vorbeizufahren.

Roosevelt Island lässt sich nur mit dieser Seilbahn oder der U-Bahn erreichen.

Da unser Boot direkt hinter Roosevelt Island wendete, konnten wir die Insel somit aus zwei verschiedenen Blickwinkeln betrachten. Denn die Semi-Circle Cruise beinhaltet eben keine ganze Umrundung von Manhattan.

Auch wenn wir an vielen Sehenswürdigkeiten nochmals vorbeifuhren, fanden wir es trotzdem sehr interessant und entdeckten viele neue Dinge, die wir auf der Hinfahrt nicht bemerkt hatten. Das UN-Hauptquartier zum Beispiel war uns total entgangen, obwohl es zu den imposanteren Gebäuden gehört. An der Wall Street spürt man den Einfluss der Börse und des Geldes, am UN-Hauptquartier vermittelt die Auffahrt zum Gebäude mit den Flaggen der Vereinten Nationen mehr als nur einen Eindruck von Internationalität.

Der Sitz des UN Hauptquartiers, der 1951 fertiggestellt wurde.

Auf der Rückfahrt fuhren wir nicht erneut an der Freiheitsstatue vorbei, sondern direkt am Ufer entlang um die Spitze von Manhattan herum. Hinter dem Battery Park hatten wir einen schönen Blick auf das gegenüberliegende New Jersey. Hier ist das Ufer bereits mit vielen neuen Hochhäusern und anderen Gebäuden bebaut.

Das gesamte Ufer sieht aus, als wäre es von Hochhäusern überwuchert.

New Jersey am anderen Ufer des Hudson

Auf der Fahrt zurück zum Pier fielen uns die vielen Wassertaxen auf. Diese gelben kleinen Boote werden von den New Yorkern genutzt, um günstig bestimmte Punkte rund um Manhattan und den gegenüberliegenden Ufern zu erreichen. Manchmal kann es eine echte

Alternative sein, einfach schnell ein Wassertaxi zu nehmen, anstatt sich durch den dichten Verkehr in New York zu drängeln. Die Liste sämtlicher Haltestellen findet man hier.

Ein echtes New Yorker Wassertaxi

Wer etwas mehr Geld zur Verfügung hat, sollte sich überlegen, ob für ihn ein Helikopterflug in Frage kommt. Rund um Manhattan gibt es am Wasser mehrere Heliports, an deren Gate man ein Ticket erwerben kann, zum Beispiel bei Liberty Helicopters. Die Helikopter fliegen allerdings nicht durch die Skyline. Ein Flug geht immer nur um Manhattan herum zu einem anderen Heliport. Für Touristen werden spezielle Zeitflüge angeboten, wie zum Beispiel 15 oder 30 Minuten lang Manhattan von oben zu betrachten und dann wieder auf dem gleichen Heliport zu landen. Für einen zukünftigen New York Besuch steht ein Helikopter Rundflug ganz oben auf unserer To-Do Liste.

Wieder vorbei am Battery Park

Als unser Boot an unserem Pier vorbeifuhr, waren wir für einen Moment etwas verwirrt. Aber der Guide erzählte gleich, dass er uns noch die George Washington Bridge zeigen wollte. Also fuhr das Boot noch ein ganzes Stück den Hudson River hinauf bis zur Brücke.

Für uns war aber nicht die Brücke am eindrucksvollsten, sondern ein riesiger Flugzeugträger: Ein paar Piers weiter lag nämlich die USS Intrepid vor Anker. Das alte, ausrangierte Kriegsschiff dient nun als Museum. Da Touristen so ein Schiff nicht alle Tage zu Gesicht bekommen, hatten wir nun unser Ziel für den Nachmittag ins Auge gefasst. Nach dem Abstecher zur George Washington Bridge ging es zurück zum Dock der Circle Line.

Die USS Intrepid – ein stillgelegter Flugzeugträger, der heute ein Museum beherbergt.

Unser Fazit nach diesem schönen Vormittag: Wer nach New York kommt und an einem sonnigen Tag noch nichts geplant hat, der sollte unbedingt eine Bootstour machen. Man kann sich Manhattan ganz entspannt anschauen, ohne über die Straßen hetzen zu müssen oder sich von den Wolkenkratzern den Blick versperren zu lassen.

Die Route der Semi-Circle Cruise beinhaltete auch die wichtigsten Brücken rund um Manhattan. Die erste Brücke, die wir durchfahren haben war, wie bereits berichtet, die Brooklyn Bridge. Von da aus ging es weiter zur Manhattan Bridge, Williamsburg Bridge, Queensboro Bridge und der Roosevelt Island Bridge. Das Schiff fuhr dann noch bis zur Robert F. Kennedy Bridge und wendete vor der Ward's Island Bridge (eine kleine, schmale, blaue Brücke für Fußgänger und Fahrradfahrer). Den krönenden Abschluss machte, wie erwähnt, die George Washington Bridge.

Alle zusammen: Der South Street Sea Port, die Brooklyn Bridge und Manhattan Bridge vor der New Yorker Skyline

Ein Nachmittag an Bord des Intrepid Sea, Air & Space Museum

Wieder an Land wollten wir zuerst etwas Richtiges zu Mittag essen, bevor wir die ISS Intrepid besuchten. Nach kurzer Suche fanden wir eine schnelle und leckere Küche und eine gute Stunde später bestiegen wir den Flugzeugträger. Das Intrepid Sea, Air & Space Museum, wie es sich offiziell nennt, liegt am Pier 86, ist riesengroß und bietet unglaublich viel zu sehen.

Das ehemalige Kriegsschiff USS Intrepid

An Deck begutachteten wir zuerst die Militärflugzeuge. Zudem hatten wir von hier aus einen schönen Blick auf die riesigen Schiffe im Kreuzfahrthafen, der direkt am Nachbarpier liegt. Unter Deck liefen wir durch die Labyrinth-artigen Katakomben. Es gibt viele Galerien mit Bildern aus der Vergangenheit und typisch amerikanischer Multimedia-Bespaßung. Überall gab es Videos und Soundinstallationen. Scheinbar sollten wir das Gefühl bekommen, im Krieg auf hoher See dabei zu sein.

Aufgrund der schieren Größe des Schiffes brauchten wir lange, um uns alles anzusehen. Daher war es bereits früher Abend, als wir wieder an Land gingen. Einen erneuten Besuch des Intrepid Sea, Air & Space Museums brauchen wir in Zukunft nicht. Aus unserer Sicht ist die USS Intrepid eher für Technik- oder Armeefans geeignet. Mit New York hat es nicht direkt etwas zu tun und der Flugzeugträger hätte gut und gerne auch im Hafen von Miami oder Hamburg stehen können. Daher sollte sich jeder Besucher eine Besichtigung wirklich gut überlegen, denn die Zeit in New York wird bei jedem knapp bemessen sein. Wer sich vorab über das Museum informieren will, der findet <u>hier</u> alles, was er wissen muss.

So entspannt unser Vormittag auch war, das Herumlaufen am Nachmittag auf der Intrepid hatte uns doch ganz schön geschlaucht. Aber der Tag war noch nicht zu Ende. Wir machten uns auf den Weg ins Hotel, nahmen aber nicht den direkten Weg. Gegenüber vom Schiffsmuseum bogen wir in die 46. Straße ein. Diese führt nach ein paar Blocks direkt auf den berühmten Times Square. Dass New York ein teures Pflaster ist, zeigen allein schon die Preise der Parkhäuser. Hier kann man sein Auto für ca. 300 US-Dollar im Monat abstellen. Das ist ungefähr dreimal so teuer wie in der Münchner Innenstadt!

Die 46th Street auf dem Weg zum Times Square

Reizüberflutung am Times Square

Nachdem sich nun bereits unser zweiter New York Tag so langsam dem Ende zuneigte, wollten wir nun endlich mal den berühmtesten Platz der Welt, den Times Square, mit seinen unzähligen Broadway

Theatern und Kinos sehen. Bereits einige Blocks davor sahen wir blinkende Lichter und die Geräuschkulisse wuchs stetig an. Endlich angekommen, waren wir einfach nur überwältigt. Aufgrund der überall installierten Videotafeln bekamen wir das Gefühl, in einem Fernseher zu stecken: Überall blinkte und leuchtete es. Musikvideos, Werbung und Nachrichten wechselten sich ab. Börsenkurse ratterten an den Fassaden der Häuser entlang. Die Straßen rund um den Times Square und den schräg durchlaufenden Broadway waren überfüllt mit Menschen. Zum Glück war der Großteil des Platzes zur Fußgängerzone umgebaut worden, so verlief sich das Gewühle etwas, aber einfach war das Durchlaufen dennoch nicht. Zu viele Touristen standen alle paar Meter in kleineren oder größeren Gruppen zusammen, blickten nach oben oder posierten vor ihren Kameras.

Eindrucksvolle Skyscraper mit den weltweit bekannten Leuchtreklamen

Um die ganze Atmosphäre des Platzes aufsaugen zu können, flüchteten wir uns auf eine riesige rote Treppe. Diese ist Teil des Kartenvorverkaufsstandes der TKTS, die mit dem Design bereits mehrere

Preise gewonnen hat. New Yorker und vor allem Touristen können von dort den gesamten Platz von einer höher gelegten Position ungestört betrachten und eine kleine Pause einlegen. Aufgrund des ganzen Trubels verweilten wir hier bestimmt eine Stunde. Wir ließen uns von Nachrichten, Börsenkursen, Kinotrailern und Werbung berieseln. Bei jedem Blick gab es Neues zu entdecken.

Am Times Square wird man immer über das aktuelle Tagesgeschehen auf dem Laufenden gehalten.

Nach dieser medialen Berieselung wollten wir nur noch ins Hotel, der Tag war schließlich bereits lang und aufregend genug gewesen. Wir hatten die Wahl, entweder mit der Subway oder dem Taxi zurück zu fahren. Beides sollte man zumindest einmal als Besucher in New York machen. Wir entschieden uns für die Taxifahrt. In einem Reiseführer hatten wir zuvor ein paar Tipps zum Taxifahren gelesen. Da in New York fast ausschließlich ausländische Menschen mit mehr oder weniger guten Englischkenntnissen Taxi fahren, sollten

Taxigäste versuchen, immer einen Flyer oder eine Visitenkarte ihres Bestimmungsortes dabei zu haben. Ein weiterer wichtiger Tipp für all diejenigen, die über einen brauchbaren Orientierungssinn verfügen und sich etwas Geld sparen wollen: Es ist vorteilhaft in ein Taxi zu steigen, das bereits in die gewünschte Fahrtrichtung fährt. Denn die Blocks in New York sind teilweise mit entgegengesetzten Einbahnstraßen versehen, so dass sich durch richtiges Einsteigen neben hohen Taxikosten auch jede Menge Zeit sparen lässt. Als Trinkgeld wurden laut Reiseführer 15% empfohlen.

Mit diesen drei Tipps im Hinterkopf winkten wir uns ein Taxi heran und zeigten dem Fahrer die Visitenkarte unseres Hotels. Zu unserer Überraschung sprach der indische Fahrer gutes Englisch, wusste gleich wo sich das Hotel befindet und fuhr uns ohne Umwege (nur geradeaus und einmal rechts abbiegen) bis vor unser Hotel. Über unser Trinkgeld freute er sich sehr und verabschiedete sich bei uns mit einem lachenden „Guten Tag!". Naja, wir wussten ja, was er meinte.

Nach den Strapazen des langen Tages waren wir froh, endlich in unserem 20 m² Zimmer angekommen zu sein, denn wir hatten uns rückblickend doch etwas zu viel zugemutet. Obwohl wir hundemüde waren, konnten wir nicht schlafen. Unsere gesammelten Eindrücke waren einfach zu berauschend und mussten erst einmal verarbeitet werden. Es wäre sicherlich besser gewesen, unsere Ausflugsziele auf mehrere Tage zu verteilen. Wer aber nur kurze Zeit in New York ist, merkt schnell, dass nie genug Zeit bleibt, um allen interessanten Sehenswürdigkeiten einen Besuch abzustatten. Von dieser Erfahrung geprägt freuten wir uns auf den kommenden Tag, denn auf der Tagesordnung stand diesmal nur ein einziger Punkt.

Was wäre ein Besuch in NY ohne ... Shopping!

Trotz der Erschöpfung vom vielen Laufen und der vielen Eindrücke des vorhergehenden Tages kamen wir am Morgen wieder gut aus den Federn. Wir wollten einfach mehr erleben in New York, da waren wir gern bereit, auf etwas Schlaf zu verzichten. Der heutige Tag stand ganz im Zeichen des Shoppings, denn wir wollten in die größte Outlet-Mall in New Jersey, die <u>Jersey Gardens</u> fahren und unsere Koffer auffüllen. Von Bekannten, die bereits durch Amerika gereist waren, hatten wir erfahren, dass man in den USA unglaublich günstig einkaufen kann, deswegen hatten wir uns beim Packen in weiser Voraussicht gezügelt. Es hieß, wer einmal in Amerika shoppen war, der will nie wieder in Europa Geld für Klamotten ausgeben. Wir wollten uns darauf einlassen und waren nun gespannt, was uns erwartete.

Obwohl die Outlet-Mall am anderen Ufer des Hudson River in New Jersey liegt, stellt dies kein Problem dar. Denn vom Busbahnhof in der Nähe des Times Square (Port Authority Bus Terminal), fährt der 111er und 115er Bus als Shuttle bis zum Outlet-Center. Mit einem obligatorischen Frühstück To-Go machten wir uns zu Fuß auf den Weg. Am mehrstöckigen Busbahnhof angekommen, fühlten wir uns anfangs etwas verloren. Nur gut, dass wir aus dem Hotel einen Flyer der Jersey Gardens mitgenommen hatten. Ein freundlicher Mitarbeiter zeigte uns auf Anfrage hin den Weg zu den Kassenschaltern. Hier kauften wir unsere Tickets für die Hin- und Rückfahrt und gingen dann zum entsprechenden Gate. Dort angekommen traf uns der Schlag: Ein Heer von Menschen wartete bereits auf den Shuttlebus. Zudem stand niemand nur so an der Haltestelle herum, sondern alle Wartenden standen in Reih und Glied in einer Warteschlange. Scheinbar herrschte hier immer solch ein Andrang von Kauflustigen. Während wir warteten, machten wir uns schon erste Gedanken, ob wir überhaupt noch in den Bus reinpassen würden. Trotz der bereits anwesenden Menschenmenge wuchs die Schlange unaufhörlich weiter. Als der Bus dann pünktlich eintraf, war erste Enttäuschung in den Gesichtern der hinter uns Wartenden zu sehen. Denn alle passten eindeutig nicht in den Bus. Wir hatten allerdings Glück, allen voran meine Frau, da sie einen der raren Sitzplätze erhaschen konnte. Voll bis auf den letzten Platz fuhr der Bus dann los. Die Passagiere waren fast ausschließlich Touristen, darunter viele Deutsche, wodurch wir sehr schnell Gesprächspartner fanden. Jeder erzählte von seinem New York-Aufenthalt, welche Punkte noch auf der To-Do-Liste standen und wohin die Reise dann weiter ging. So verging die Fahrt wie im Fluge.

Im Outlet-Center angekommen, waren wir von der Größe der Mall schlichtweg überfordert. So viele Geschäfte konnten wir gar nicht an einem Tag besuchen. Wir wählten dann anhand einer Übersichtskarte des Kaufhauses, die es in der Mall am Infoschalter gab, bestimmte Geschäfte aus und steuerten diese gezielt an. Die meisten Preisnachlässe im Vergleich zu den Preisen in Deutschland gab es bei amerikanischen Marken. Aber selbst deutsche Marken, deren Produkte in China hergestellt wurden, waren hier in Amerika billiger als in Europa. Der starke Euro-Kurs war bei unserem Einkauf sehr von Vorteil.Da wir in der Mall auch zu Mittag aßen und uns sogar dort massieren ließen, merkten wir gar nicht, wie die Zeit verging. Am späten Nachmittag stapften wir mit unseren vielen Tüten, Beuteln und Taschen zurück zur Bushaltestelle. Dieses Mal ging es an der Haltestelle etwas ruhiger zu, dafür hatten alle viel zu schleppen. Daher war der Bus auch nicht wirklich viel leerer. Nachdem wir mit diesem wieder zum Busbahnhof in Manhattan gefahren waren, ließen wir uns von dort wieder wie gewohnt von einem Taxi ins Hotel bringen. Da wir trotz Shopping-Programm eine gute Strecke hinter uns gebracht hatten, taten uns ziemlich die Füße weh. Unser Abend endete daher auf dem Bett, wo wir noch am Manuskript für unser Buch schrieben und uns vom amerikanischen TV-Programm berieseln ließen.

Sightseeing per Bus – Klappe, die erste!

Unterwegs in Downtown

Am nächsten Morgen schliefen wir etwas länger aus, was sicherlich an unserer körperlichen Erschöpfung durch den vorhergehenden Tag lag. Allgemein ging heute alles nur müßig von der Hand. Vielleicht lag es aber auch am Wetter: Es war leicht verhangen und spürbar kälter als an den anderen Tagen. Beim Blick aus dem 23. Stock bemerkten wir viele kleine Wassertanks auf den Dächern der New Yorker Hochhäuser. Es wunderte uns etwas, solch veraltete Überbleibsel einer für uns vergangenen Epoche im hochmodernen New York zu entdecken. Deswegen galt es also für den heutigen Tag herauszufinden, welchem Zweck die Wassertanks wohl dienten.

Das Geheimnis der Wassertanks beschäftigte uns sehr.

Vielleicht konnte uns der Guide auf der geplanten Busrundfahrt durch Manhattan die Geschichte der Wassertanks erklären. Die Busrundfahrt diente uns dabei als Ausgleich für die letzten Tage, an denen wir einen Großteil des Viertels zu Fuß erkundet hatten. Heute

wollten wir viel sitzen. Als Erstes liefen wir dennoch zur gegenüberliegenden Penn Station. Hier gab es erst einmal ein stärkendes Frühstück, bevor es weiter zur U-Bahn ging, die uns zum Times Square
bringen sollte. Überrascht hat uns der Eingangsbereich des Bahnho-
fes. Zum einen, weil die Penn Station mit ihren 21 Bahnsteigen riesig war, aber auch, weil überall Sicherheitskräfte patrouillierten.
Selbst das Betreten des Bahnsteiges war, anders als in Deutschland,
nur mittels Drehkreuzen möglich. Es ist sehr interessant, welche
Mittel hier eingesetzt werden, um die Menschen vom Schwarzfahren
abzuhalten. Davon könnten sich deutsche Großstädte noch eine
Scheibe abschneiden. Denn die Punkte mangelnde Sicherheit und
Schwarzfahren sind ja bekanntlich die großen Hauptprobleme im
deutschen Nahverkehr. Dafür müsste allerdings nicht vorhandenes
Geld ausgeben werden, was der Grund dafür ist, dass solche Verän-
derungen weiterhin nur Wunschdenken bleiben.

Das Betreten der Subway ist nur mit einem Ticket möglich.

Wer mehr über die New Yorker Subway erfahren möchte, der sollte
sich den sehr umfangreichen und lesenswerten Artikel bei Wikipedia
zu Gemüte führen.

Da U-Bahnhöfe weltweit doch ziemlich ähnlich aufgebaut sind, fanden wir schnell unser Gleis und waren innerhalb von zehn Minuten am Times Square. Hier tobte natürlich das Leben, wie wir es bereits kennengelernt hatten. An diesem Tag bekamen wir auch den berühmten NakedCowboy zu Gesicht. Der aus Zeitungsberichten und Fernsehreportagen bekannte Mann spielt halbnackt als Cowboy verkleidet auf dem Times Square Musik und lässt sich mit Touristen fotografieren. Geld verdient er durch das Zustecken von Dollarnoten und weil ihn die Ladenbesitzer dafür bezahlen, dass er vor ihrem Geschäft spielt. Denn dort, wo er auftritt, versammeln sich immer sehr viele Touristen, was sich am Ende auch wieder positiv aufs Geschäft auswirkt.

Der „Naked Cowboy" – eine „Attraktion" des Times Square

An einem Ende des Platzes, an dem der Broadway den Times Square kreuzt, sahen wir die ersten bunten Busse von New York Sightseeing, die Hop On / Hop Off-Touren anbieten. Wie der Name schon suggeriert, war das Besondere daran, dass wir jederzeit aussteigen und in den nächsten beliebigen Bus wieder einsteigen konnten. Was am Ende den hohen Preis rechtfertigte, vor allem, da die Tickets für die Bus-Rundfahrt 24 Stunden lang genutzt werden konnten. Von einem Flyer aus dem Hotel wussten wir bereits, dass es ähnlich wie bei den Schiffsrundfahrten von Circle Line mehrere Routen gab. Eine Übersicht der Routen gibt es hier.

Wir entschieden uns für die Downtown Loop-Route. Auch wenn wir es an diesem Tag eher gemütlich angehen lassen wollten, wussten wir bereits, an welchen Punkten wir doch einmal aussteigen würden, um die Attraktionen vor Ort näher zu betrachten. Auf der Suche nach einem Kassenhäuschen trafen wir auf eine kleine Gruppe bunt gekleideter Männer mit schnurlosen Verkaufsterminals, die auf der Suche nach potentiellen Kunden die Straßen auf und ab liefen. Obwohl uns dabei etwas mulmig war, kauften wir unsere Bustickets direkt am Straßenrand mittels eines dieser Terminals und unserer Kreditkarte. Ein kleiner, unscheinbarer Ausdruck entpuppte sich als unsere Fahrkarte. Uns wurde noch die gegenüberliegende Haltestelle gezeigt, und wenig später saßen wir bereits auf dem Oberdeck eines offenen roten Doppeldeckerbusses. Da die Busse auf der Route etwa alle 30 Minuten verkehren, sind sie nicht überfüllt und man hat im Prinzip freie Platzwahl. Ein Guide erzählte über ein Mikrofon alles, was es für Touristen über die Gegend zu erfahren gab.

An und für sich dauert die ganze Downtown Route ca. drei Stunden, wenn man nur die Busfahrt alleine berücksichtigt. Für diesen Tag hatten wir den oberen Teil der Route ausgewählt, um den Rest am nächsten Tag abzufahren. Alles in allem brauchten wir trotzdem gute acht Stunden, denn an einigen Punkten machten wir Halt, um zu shoppen und zu essen.

Abstecher zum Rockefeller Center und der St. Patrick's Cathedral

Das GE Building ist mit 259m das höchste Gebäude des Rockefeller Centers.

Eine Station, an der ein Ausstieg auf jeden Fall lohnt, ist das Rockefeller Center. In diesem riesigen Gebäudekomplex arbeiten bis zu 250.000 Menschen und neben vielen Geschäften und schönen Außenanlagen liegt dort auch die bekannte Aussichtsplattform Top of the Rocks.

Blick von der Aussichtsplattform auf den Central Park

Von dieser sehr großzügig angelegten Plattform haben Besucher einen schönen Rundum-Blick auf Manhattan. Anders als beim Empire State Building kann man von dort auch den riesigen Central Park sehr gut überblicken.

St. Patrick's Cathedral

Gegenüber vom Rockefeller Center lohnt der Besuch der St. Patrick's Kathedrale, sie ist die größte neugotische Kirche in Amerika. Sie verfügt über 2.500 Sitzplätze, wunderschöne bunte Glasfenster, ist im Inneren herrlich kühl und bietet eine ruhige Atmosphäre zum Ausruhen und Verweilen. Wir waren selbst überrascht, wie ruhig es drinnen war, obwohl vor der Tür der Verkehr dröhnte.

Das beleuchtete Kirchenschiff der St. Patrick's Cathedral

Wieder im Bus, baten wir bei nächster Gelegenheit unseren Guide, das Geheimnis der Wassertanks für uns zu lüften. Sichtlich erfreut aufgrund unserer Frage begann es nur so aus ihm herauszusprudeln. Zusammenfassend berichtete er, dass die Wassertanks, auch Rosen- wach Tanks genannt, in New York wohl einmalig sind und eine wichtige Aufgabe erfüllen: Häuser mit mehr als sechs Etagen brauchen auf dem Dach Wassertanks, die den Druck in den Wasserleitungen erhöhen. New Yorks Wasserleitungen sind zu alt und zu weitläufig, als dass die Stadtwerke allein einen höheren Druck einleiten könnten. Da nachts die Strompreise niedriger sind als am Tag, wird da das Wasser aufs Dach gepumpt und tagsüber versorgt es die darunter liegenden Büros und Wohnungen. Auch wenn die Wassertanks nur gelegentlich gesichtet werden, versicherte uns der Guide, dass auf allen Häusern diese Tanks zu finden wären. Bei den meisten Neubauten sind diese nur in den oberen Dachkonstruktionen versteckt und dadurch nicht sichtbar.

Ein weiterer einsamer Wassertank

Auf der Fifth Avenue Uptown

Einen kurzen, aber wirklich lohnenswerten Stopp sollten New York Besucher bei der New York Public Library in der Fifth Avenue einlegen. Von innen sieht die Bibliothek einfach fantastisch aus und vermittelt einem das Gefühl, in einer längst vergangenen Zeit oder in einem Film zu sein. Tatsächlich ist die New York Public Library oft als Kulisse in vielen Hollywood-Filmen zu sehen. Der Film „The Day After Tomorrow", in dem New York aufgrund des Klimawandels von einer Eiszeit eingeholt wird, hat der Bibliothek sogar eine Hauptrolle beschert. Für alle Filmkenner wird der Blick von den Stufen am Eingang überraschend sein. Im Film rollt auf der zulaufenden Straße eine riesige Welle auf die Bibliothek zu. In Wirklichkeit ist es etwas anders: Es gibt gar keine Straße, die direkt auf die Bibliothek zuführt. Gegenüber steht ein anderes Gebäude. Es besteht aktuell also überhaupt keine Gefahr.

Die New York Public Library – Schauplatz großer Wetterkatastrophen?

Auf der Fifth Avenue, der berühmtesten Einkaufsstraße der Welt, kann man auch sehr gut seine Zeit verbringen. Neben teuren Boutiquen gibt es auch andere Geschäfte wie Disney, Nike und Apple. Wer den amerikanischen Basketball mag, der sollte hier mal in den NBA Store gehen. Auch der schwarz-gläserne Trump Tower befindet sich gleich nebenan, direkt neben dem Juwelier Tiffany. Die Lobby des Trump Towers erschien uns einen Abstecher wert, hier gibt es viel Gold und Marmor zu sehen. Aber auch der sechs Etagen hohe Wasserfall weiß zu beeindrucken.

Der Trump Tower an der 5th Avenue

„Diamonds are a girl's best friend" – wer nach diesem Motto lebt, findet bei Tiffany & Co. sicher das richtige Mitbringsel.

Gegenüber vom Apple Store, der sich in einem gläsernen Würfel befindet, beginnt der Central Park. Hier kann man sich Fahrräder ausleihen und durch den Park radeln. Weniger sportliche Touristen können sich mit einem Fiaker durch den Central Park fahren lassen. Außerdem gibt es noch eine kleine Bimmelbahn, die allerdings nie in unserer Umgebung anhielt, weshalb es schwierig war, hier zuzusteigen.

Wir entschieden uns daher, den Central Park nur im südlichen Bereich zu durchlaufen. Für größere Erkundungen blieb uns leider nicht genügend Zeit. Trotzdem erhielten wir einen schönen Einblick in den herbstlich aussehenden Central Park, denn die Spazierwege sind sehr gut angelegt und es gibt überall schöne Ecken zum Verweilen. Wir kletterten auf die riesigen Felsen, fütterten unzählige und sehr zutrauliche Eichhörnchen, und schossen vor der Eislaufbahn im Park Fotos von uns – wie wahrscheinlich schon Millionen Touristen zuvor. Vom Park aus hatten wir einen sehr schönen Blick auf die Skyline von New York, während wir gleichzeitig den New Yorkern beim Baseball spielen auf den vielen Sportplätzen zuschauten. Zusammenfassend können wir sagen, dass der Central Park seinen Zweck erfüllt. Obwohl er mitten in der riesigen, lauten und hektischen Stadt liegt, gibt es hier wirklich Ruhe, Sonne und Entspannung. Eine schöne Oase in einer Stadt mit sonst sehr wenigen Grünflächen.

Im Central Park warten die Pferde nur auf eine kleine Rundfahrt durch den Park.

Goldenes Herbstlaub überall

Auch hier erkennt man einige Schauplätze aus Filmen und Serien wieder.

Der Wollman Ice Skating Rink

Unsere letzte Station am Nachmittag war dann die Grand Central Station, die wohl schönste Bahnhofshalle der Welt. Auch dieses berühmte Bahnhofsgebäude dürfte vielen ein Begriff sein. Bis heute ist die Grand Central Station mit ihren 67 Gleisen der größte Bahnhof der Welt. Neben der riesigen und wunderschönen Bahnhofshalle können wir auch die „Katakomben" empfehlen: Es gibt unzählige Wege, Stufen, Durchgänge und zahllose Bahnsteige. Weitere schöne Details sind die einzelnen Kassenschalter, die außergewöhnliche Deckenbemalung, sowie die goldene Uhr in der Mitte der Bahnhofshalle.

Die Grand Central Station

Die mit Sternzeichen geschmückte Decke der Haupthalle

Über 500.000 Menschen sind hier jeden Tag unterwegs.

Überall finden sich Dekorationen im Stil der *Beaux-Arts*.

Der König der Löwen am Broadway

Bevor wir mit der U-Bahn zurück ins Hotel fuhren, legten wir noch einen kurzen Stopp am Times Square ein. Da dies unser vorletzter Abend in New York war, wollten wir noch etwas Besonderes und für New York Typisches erleben. Da wir bereits wussten, dass das Ticket-Center TKTS an der riesigen Treppe am Times Square günstige Restkarten für die Abendvorstellungen am Broadway verkauft, entschlossen wir uns für ein Musical.

Ohne konkrete Vorstellungen, was genau wir sehen wollten, stellten wir uns dann in die etwas längere Schlange. Zu unserer Überraschung ging es ziemlich zügig voran. Kurz vor der Kasse stand ein Bildschirm, auf dem wir sehen konnten, wie viele Karten es für bestimmte Vorstellungen gab. Erstaunlicherweise gab es noch etliche Tickets für König der Löwen, was uns etwas verwunderte, da wir gehört hatten, dass Top-Musicals – wie unter anderem Lion King – schon Monate vorher ausverkauft sind. Umso erfreuter waren wir, eventuell doch noch Karten zu ergattern. Je näher wir der Kasse kamen, desto schneller sank allerdings die Zahl des Restkartenkontingents. Eben noch voller Vorfreude, begann sich in uns die Angst breit zu machen, keine Karten mehr abzubekommen. Endlich an der Kasse angekommen, erhielten wir dann tatsächlich zwei der letzten fünf Karten. Wir frohlockten wegen unserer Ersparnis von 50% im Vergleich zum Originalpreis und freuten uns auf unser ganz spezielles New York-Highlight am Abend. Zurück im Hotel ruhten wir uns etwas aus und machten uns dann für den Abend fertig.

Taxidschungel. Kaum jemand leistet sich in New York ein eigenes Auto.

Das von uns bestellte Taxi brachte uns direkt zum Minskoff Theater am Broadway, in dem das Musical "König der Löwen" aufgeführt wurde.

Das Minskoff Theater am Broadway

Bis auf wenige Plätze war das Theater tatsächlich ausverkauft und das Musical gefiel uns sehr, denn sowohl die Story als auch die Musik waren uns teilweise bekannt. Nach dem Musical fuhren wir dann mit der Subway bis zum Madison Square Garden an der Penn Station, gegenüber von unserem Hotel. Wir aßen noch eine Kleinigkeit und ließen den ereignisreichen Tag entspannt ausklingen.

Selbst bei Nacht ist auf New Yorks Straßen immer etwas los ...

Sightseeing per Bus – Klappe, die zweite!

Finanzdistrikt und Wall Street

An unserem letzten Tag in New York war an Ausschlafen nicht zu denken, da wir uns schließlich noch den südlichen Teil von Manhattan mit der Wall Street, Chinatown und der Brooklyn Bridge anschauen wollten. Diesen Bereich hatten wir gestern bei der Bustour bewusst ausgelassen, da unser Programm sonst viel zu straff gewesen wäre und wir uns nicht abhetzen wollten. Da unser Stadtrundfahrt-Ticket 24 Stunden gültig war, nutzten wir den Vormittag, um zumindest bis in den südlichen Zipfel von Manhattan zu kommen. Von da an lohnte es sich nicht mehr, den Bus noch weiter zu bemühen, da es alle paar Blocks etwas zu entdecken gab. Wir liefen dann den Rest des Tages alle uns wichtigen Sehenswürdigkeiten einfach zu Fuß ab.

Unseren Fußweg starteten wir am World Financial Center, am Ufer des Hudson River. Von hier aus liefen wir direkt am Ufer die Esplanade entlang bis zur Südspitze von Manhattan. Hier ging es auf einem sehr schön angelegten Weg vorbei an einem Park und einem kleinen Yachthafen bis zum großen Battery Park. Im ältesten Park New Yorks gibt es viele Denkmäler, und die Promenade am New York Harbor bietet einen fantastischen Blick auf das gegenüberliegende Ufer von New Jersey sowie auf die Freiheitsstatue.

Die Wall Street während der Arbeitszeit

Durch die schmalen Gassen des Financial District liefen wir danach bis zur Wall Street. Hier stand sie nun, die bekannteste Börse der Welt. Dass der Patriotismus gerade hier eine große Rolle spielt, wurde uns bewusst, als wir die unzähligen US-Flaggen sahen, die überall von den Gebäuden wehten. Auch auf hohe Sicherheit wurde hier großen Wert gelegt, denn an jeder Ecke waren Polizisten und Einsatzfahrzeuge zu sehen. Auf den Straßen konnten wir die Börsenmakler sehr gut von den Touristen unterscheiden. Die Banker trugen Anzüge mit angesteckten Security-Kärtchen, wohingegen die Touristen meist im lässigen Urlaubslook inklusive Hut, Sonnenbrille und Kamera unterwegs waren.

Der nahe gelegene McDonalds war auch etwas gehobener ausgestattet als die üblichen Restaurants dieser Kette, die uns bekannt waren. In dieser Filiale gab es sogar einen Flügel, an dem ein Pianist spielte! Sämtliche Fast-Food Läden und Geschäfte waren gerammelt voll. Wir merkten sofort, dass hier im Financial District mehrere 100.000 Menschen arbeiteten, die zu Stoßzeiten mit all den Touristen gleichzeitig die Umgebung bevölkerten.

Auch für's leibliche Wohl wird hier gesorgt.

Ein Stopp am ehemaligen World Trade Center, dem Ground Zero und heutigen One World Trade Center stand als nächstes auf der Tagesordnung. Nach Fertigstellung soll das One World Trade Center wieder das höchste Gebäude Amerikas sein. In der naheliegenden Liberty Street gibt es eine Gedenkstätte, die an die Anschläge des 11. Septembers erinnern soll. Hier wurde ein offizielles Mahnmal für die zu Tode gekommenen Angehörigen der Feuerwehr errichtet.

Nach all dem Sightseeing darf das Shopping aber nicht zu kurz kommen – das sagt zumindest immer meine Frau. Was für ein Glück sie hatte, dass direkt neben Ground Zero das riesige Century 21 war. Das Geschäft war eine Mischung aus Markenoutlet und Billig-Schnäppchenmarkt und aus meiner Sicht einfach nur unübersichtlich. An einigen Stellen wurde nach Marken sortiert, dann wiederum nach Kleidungsstücken und Geschlecht und an anderer Stelle gab es nur viele bunte und riesige Preisschilder ohne erkennbare Sortierung. Meine Frau bemerkte von all dem nichts und schien auf mysteriöse Weise den totalen Überblick zu behalten. Ich dagegen setzte mich vor das Century 21, genoss eine kleine Brotzeit und beobachtete das Treiben am One World Trade Center.

Shoppingmöglichkeiten am Ground Zero

Pier 17 und Chinatown

Unser nächstes Ziel war der South Street Seaport am Pier 17. Dieses historische und denkmalgeschützte Viertel liegt am East River direkt an der Brooklyn Bridge. Rund um den Bereich des Seaports gibt es traditionsreiche alte Segelschiffe, ein Museum, die ältesten Geschäftshäuser von Manhattan, Einkaufsmöglichkeiten sowie auch Restaurants und Cafés. Hier werden kleine Live-Konzerte veranstaltet, die kostenfrei besucht werden können. Wer es ruhiger mag, kann von hier den phantastischen Blick auf die Brooklyn Bridge genießen. Wir nutzten die gemütliche Atmosphäre, um uns zu stärken und auszuruhen, denn das Restprogramm für unseren letzten Tag in New York war nicht ganz ohne.

Die Viermasterbark *Peking* am South Street Seaport

Hier, in der Nähe des Bankenviertels, finden sich die historischen Geschäftshäuser New Yorks.

Neben dem Pier 17 liegt die riesige Brooklyn Bridge. Wir liefen
direkt am Wasser unter ihr hindurch und kamen auf der anderen
Seite in Chinatown an. Im Grunde war es, als wären wir auf dem

asiatischen Kontinent gelandet. Es ist ja nicht so, dass in Chinatown nur „ein paar" Asiaten wohnen. In New York befindet sich die weltweit größte chinesische Gemeinde außerhalb Asiens. Über 660.000 Asiaten leben nach offiziellen Schätzungen hier. Dabei wurde das komplette Stadtbild über die vielen Jahre hinweg immer mehr dem asiatischen Stil angepasst. Es gibt fast ausschließlich Schilder mit asiatischen Schriftzeichen und die Gebäude und Laternen haben ein typisch asiatisches Aussehen.

Chinesische Schriftzeichen, wohin das Auge reicht.

Touristen fallen hier sofort auf, denn nur ein Bruchteil der umherlaufenden Menschen sind keine Asiaten. Wir hatten das Gefühl, in Peking gelandet zu sein. An jeder Ecke gab es kleine Läden, die jeden möglichen Kram verkauften, den eigentlich niemand braucht. Aber die asiatische Kultur bietet auch viele kulinarische Highlights. So schlenderten wir durch einige Straßen und versorgten uns hier und da mit kleinen Leckereien. Wer nach New York kommt, sollte auf jeden Fall Chinatown einen Besuch abstatten – allein schon als Kontrastprogramm zum amerikanisch-patriotischen Lebensstil.

Typische Läden in Chinatown: Chinesische Geschenkartikel gibt es hier zur
Genüge.

Sonnenuntergang auf der Brooklyn Bridge

Mittlerweile war es später Nachmittag und wir steuerten als letztes
New York-Highlight die Brooklyn Bridge an. Denn in vielen Reise-
führern wird die Brooklyn Bridge als Top-Sehenswürdigkeit empfohlen. Der beste Zeitpunkt für eine Begehung der Brücke ist zur
Morgen- oder Abenddämmerung. Vom anderen Ufer aus kann die
Skyline von Manhattan im Postkartenmotiv bestaunt werden. Was so
romantisch und einfach klingt, war allerdings anstrengender als gedacht.

Unser Fußweg, beginnend in Chinatown, ging vorbei an dem aus
unzähligen Filmen bekannten New York Supreme Court (Gerichts-
gebäude) und dem One Police Plaza (Hauptquartier der New York
Police). Das ganze Viertel bestand nahezu ausschließlich aus Regie-
rungsgebäuden, daher war es für uns auch nicht verwunderlich, dass
überall Einsatzfahrzeuge mit eingeschalteten Sirenen umherfuhren.

Die New York Courthouses

Je näher wir der Brooklyn Bridge kamen, desto lauter wurde auch der Verkehrslärm. Als wir die vielen Auf- und Abfahrten der Brücke sahen, waren wir etwas geschockt. Denn der Verkehr stand auf jeder sichtbaren Straße. Nichts ging mehr, alles stand und hupte, es war laut und stank nach Abgasen. Dieser Teil von New York war mit Abstand der lauteste und dreckigste, den wir während unseres Besuches gesehen haben. Zumindest während der Rush Hour können wir diese Gegend niemandem für einen Besuch empfehlen, der einen geruhsamen Spaziergang erwartet.

Um auf die Brücke zu gelangen, mussten wir zum City Hall Park, dem Sitz des New Yorker Bürgermeisters, laufen. Hier befindet sich der Aufgang zur Brooklyn Bridge Promenade, einem kleinen Weg, der zwischen den vielen Fahrzeugspuren hindurch direkt auf die Brücke führt.

Rush Hour auf den Auffahrten zur Brooklyn Bridge

Anfangs liegt der Weg noch auf einer Höhe mit der Straßenführung, aber je näher wir der Brücke kamen, desto steiler ging es hinauf. Kurz vor dem Erreichen der Brooklyn Bridge wurde der Weg für eine Fahrradspur geteilt und wir befanden uns nun oberhalb der Strasse. Ab hier hatten wir einen besseren Rundumblick. Endlich auf der Brooklyn Bridge angekommen, mussten wir erst mal eine Pause machen, denn allein der Weg zur Brücke ist schon sehr lang und beschwerlich. Nicht nur, weil wir die letzten Tage schon einige Fußmärsche hinter uns gebracht hatten, sondern auch, weil wir ständig eine gewisse Steigung berücksichtigen mussten – das ging ganz schön in die Beine. Die Brücke hat eine Gesamtlänge von ca. 1800 Metern inklusive der Auf- und Abgänge. Da kam es uns sehr gelegen, dass in regelmäßigen Abständen Bänke zum Ausruhen bereitstanden.

Während wir uns etwas erholten, bemerkten wir ein leichtes Vibrieren. Nach kurzer Verwunderung wurde uns klar, dass dies an der Bauweise der Brücke liegen musste: große Teile der Hängebrücke sind mit Stahlseilen an den Türmen verankert, um die Schwingungen auszugleichen. Und bei über 120.000 Fahrzeugen und rund 8.000 Fußgängern und Radfahrern, die pro Tag die Brücke überqueren, kann man davon ausgehen, dass die Brücke nie still steht. Ärgerlich ist das Vibrieren allerdings, wenn man schöne Fotos von der New Yorker Skyline in der Dämmerung oder bei Nacht schießen möchte. Den ganzen Tag hatten wir extra unser Stativ mitgeschleppt, um es nun wieder nicht nutzen zu können. Aufgrund der Dämmerung hatten die Aufnahmen sehr lange Belichtungszeiten. Da die Brücke aber ständig in Bewegung war, sahen alle Fotos aus wie in einer Waschküche – total verschwommen. Es blieb mir als Hobbyfotograf also nur übrig, Fotos aus der Hand zu schießen. Leider wurden auch diese Bilder nie wirklich scharf.

Die Skyline von Downtown Manhattan von der Brooklyn Bridge aus. Im Hintergrund rechts sieht man die Bauarbeiten am One World Trade Center.

Obwohl wir keine erstklassigen Fotos machen konnten, wurden wir zumindest mit einer wirklich fantastischen Aussicht belohnt. Ganz wie im Reiseführer beschrieben, war der Ausblick auf Manhattan und die Freiheitsstatue im Abendlicht phänomenal. Romantik kam aufgrund der sehr vielen Touristen und der ständig umherfahrenden

Radfahrer allerdings nicht auf, aber das brauchte es auch gar nicht. Als es dunkel wurde, waren wir gerade mal in der Mitte der Brücke angekommen. Merkwürdigerweise kamen wir nur im Schnecken- tempo voran, denn ständig hielten wir an, um uns umzudrehen und fasziniert die Aussicht zu bewundern.

Die Brooklyn Bridge ist die berühmteste Brücke des deutsch-amerikanischen Brückenbauers John August Roebling.

Die Verstrebungen und Steintürme sind, trotz ihres beachtlichen Alters (eröffnet wurde die Brücke am 24. Mai 1883), den Herausforderungen des heutigen Verkehrs und Wetters durchaus gewachsen.

Der Abstieg von der Brücke folgte demselben Prinzip wie der Aufstieg, und wir hatten noch ein ziemlich langes Stück Weg vor uns. Obwohl die Brücke kaum mehr zu sehen war, waren wir immer noch inmitten der sechs Fahrspuren auf der Brooklyn Bridge Promenade. Aufgrund hoher Betonwände und stetigem Verkehr war es uns nicht möglich, eine Abkürzung zu nehmen. Wir mussten also warten, bis der Weg uns wieder genügend Entscheidungsfreiheit ließ. Dies empfanden wir in unserem Zustand als sehr großes Ärgernis, denn wir waren erschöpft, durstig, hungrig und schon etwas müde. Gleichzeitig waren wir weit weg von unserem Hotel, wollten aber noch unbedingt zum Ufer, um uns die Skyline anzuschauen.

Endlich an der Tillary Street angekommen endete der Fußweg und wir konnten an einer Ampel auf die andere Straßenseite wechseln. Im erstbesten Kiosk versorgten wir uns mit Sandwiches und kalten Getränken. Wir spürten förmlich, wie unsere Körper die letzte verfügbare Energie abriefen. Schnellen Schrittes gingen wir die Clark

Street entlang bis zur Brooklyn Heigths Promenade. Endlich waren wir an unserem Ziel angekommen, auch wenn es mittlerweile schon sehr spät war. Wir machten es uns auf einer Bank gemütlich und genossen die herrliche Aussicht. Was diesmal fehlte, war ein Fernglas. Dafür konnten wir endlich unser Stativ verwenden und schöne Fotos machen.

Die Skyline von Lower Manhatten

Die Freiheitsstatue auf Liberty Island im Licht des Sonnenuntergangs.

Die Aussicht von der Brooklyn Heights Promenade auf Manhattan.

Auch wenn dieser Ausflug über die Brooklyn Bridge wunderschön war, werden wir den weiten Weg beim nächsten Mal wohl nicht mehr in Kauf nehmen. Dafür ist es einfach zu mühsam, die langen Auf- und Abfahrten der Brücke entlang zu laufen. Wir können interessierten Lesern unseres Buches aber die folgenden drei alternativen Besichtigungsvarianten vorschlagen:

Variante 1: Ganze Tour, aber rückwärts

Die Tour kann rückwärts begonnen werden. Dazu fährt man mit der U-Bahn bis nach Brooklyn Heights, beginnt mit der Aussicht auf Manhattan und begibt sich dann erst auf den Spaziergang über die Brücke. Diese Variante ist besonders vorteilhaft, da man hierbei immer den Blick über die Brooklyn Bridge auf Manhattan hat. Auf unserem Weg hatten wir Manhattan ständig im Rücken und mussten uns daher andauernd umdrehen und stehen bleiben, was uns zusätzlich Zeit kostete. Gleichzeitig ist man während des gesamten Ausfluges auf dem Weg zurück ins Hotel. Nach Besichtigung der Brücke zu später Stunde ist das Hotelbett somit schneller wieder erreicht.

Variante 2: Nur die Highlights

Da der Aufgang zur Brücke von Manhattan aus kürzer ist, könnten Besucher hier auf die Brücke laufen und nur soweit gehen, wie man es für nötig hält. Hier können dann Fotos geschossen werden und man kommt nicht in zeitliche Bedrängnis, da man sich den kompletten Weg über die Brücke spart. Die Brooklyn Heights Promenade wird dann später bei Dunkelheit mit der U-Bahn (Clark Street oder High Street) angefahren. Zurück geht es auch romantischer: Direkt unterhalb der Brooklyn Bridge befindet sich die Haltestelle Dumbo der East River Ferry. Von hier aus fährt die Fähre zurück nach Manhattan zum Pier 11, von dem es dann auch nicht mehr weit bis zur U-Bahnstation Wall Street ist.

Variante 3: Radtour

Anstatt alles abzulaufen, können sportliche New York Besucher die Strecke auch mit einem Fahrrad erkunden. An vielen Ecken der Brooklyn Heights, speziell rund um die Brooklyn Bridge, können Fahrräder ausgeliehen werden. Start und Ziel wäre jeweils die Brooklyn Heights Promenade. Von dort kann man bequem über die Brücke und wieder zurück radeln. Eine abschließende Fahrt mit der Fähre zurück nach Manhattan kann auch hier gut mit eingeplant werden.

Da wir mit unseren Kräften am Ende waren, ließen wir uns von einem Taxi zurück ins Hotel fahren. Unser letzter Tag in New York hatte es noch einmal richtig in sich: So viele Kilometer wie an diesem Tag hatten wir an keinem anderen zurückgelegt. Unsere Füße glühten und sämtliche Muskeln unseres Bewegungsapparates schmerzten. Als Tagesabschluss stand nur noch das Kofferpacken auf dem Plan, denn am nächsten Morgen ging die Rundreise auch schon weiter in wärmere Gefilde – nach Florida.

Tipps

Wenn Sie planen, nach New York zu reisen, überlegen Sie sich genau was Sie an einem Tag alles erleben und schaffen wollen. Planen Sie nicht zu viel ein, und bedenken Sie, dass New York nicht gerade ein billig ist. Denn je mehr Zeit für New York zur Verfügung steht, desto mehr kann man erleben, aber gleichzeitig wird es mit jedem weiteren Tag teurer. Was am Ende dazu führt, dass sich die Tage mit zu vielen Highlights füllen.

Wie Sie lesen konnten, hatten wir uns für die wenigen Tage sehr viel vorgenommen. Allerdings waren wir nur zu zweit und hatten kaum Gepäck dabei. Wir waren in guter körperlicher Verfassung und gut zu Fuß unterwegs, stießen aber trotzdem fast an unsere Grenzen. Was wir beim nächsten Besuch auf jeden Fall nicht mehr mitnehmen werden, ist ein Stativ. Dafür werden wir uns vor Ort ein günstiges Fernglas kaufen, denn dafür hätten wir während unseres Aufenthalts deutlich mehr Verwendung gehabt.

Sobald man aus New York abreist, steht eigentlich schon fest, dass ein weiterer Besuch folgen wird und welche Sehenswürdigkeiten dabei auf dem Plan stehen. Was wir uns für den nächsten New York Besuch vorgenommen haben? Wir wollen die Highline ablaufen. Diese Parkanlage auf einer ehemaligen Hochbahntrasse ist eine noch sehr junge Attraktion in New York. Da auch hierbei das Laufen im Vordergrund stand, haben wir diesen Punkt für das erste Mal von unserer Liste gestrichen. Auch einen Helikopterrundflug wollen wir mal wagen und Manhattan komplett mit einem Schiff umrunden. Ein erneuter Musical-Besuch sowie eine Fahrt mit der Roosevelt Tramway mit anschließender Besichtigung von Roosevelt Island stehen auch ganz oben auf unserer Liste.

Wenn dann noch Zeit bleibt, würden wir uns gerne im Madison Square Garden einen Boxkampf, ein Basketballspiel der NY Knicks oder ein Eishockeyspiel der NY Rangers anschauen. Baseballspiele der NY Yankees wären auch nicht schlecht, allerdings liegt das Yankee Stadion etwas außerhalb in der Bronx. Aber mit einem Wassertaxi kommen Stadionbesucher bequem hin.

So schön unser New York Aufenthalt auch war, waren wir doch froh, endlich weiter nach Orlando fliegen zu können. Hier versprachen wir uns wärmeres Wetter und mehr Erholung für unsere geschundenen Körper. Aber das ist ein anderes Kapitel ... in unserem Folge-Band „Der Süden Floridas: Miami, Key West und die Everglades".

Links

Der Süden Floridas (unser Reisebuch): http://www.grin.com/de/e-book/276443/der-sueden-floridas-miami-key-west-und-die-everglades

Beleuchtung des Empire State Buildings:

http://www.esbnyc.com/explore/tower-lights

Webseite des NY CityPASS: http://de.citypass.com/new-york

Circle Line CityPASS: http://de.citypass.com/new-york/circle-line-cruises

Routen der Circle Line:

http://www.circleline42.com/101sights/default.aspx

Homepage der State Cruises: http://www.statuecruises.com/

Ellis Island: http://www.ellisisland.org/

Homepage der Freiheitsstatue :

http://www.nps.gov/stli/planyourvisit/hours.htm

Freiheitsstatue und Ellis Island via CityPASS:

http://de.citypass.com/new-york/statue-liberty

Film Tour New York: http://onlocationtours.com/tour/new-york-tv-movie/

New York Wassertaxi: http://www.nywatertaxi.com/piers

Helikopterflüge über New York: http://www.libertyhelicopter.com/

Intrepid Sea, Air and Space Museum Complex:

http://www.intrepidmuseum.org/

Webseite der Jersey Gardens: http://www.jerseygardens.com/

Wikipedia Artikel zur New York Subway:

http://de.wikipedia.org/wiki/New_York_Subway

New York Sightseeing Tours: http://www.newyorksightseeing.com/

Routen der Hop on/ Hop off Busse:

http://www.newyorksightseeing.com/map.php

Geschichte der Rosenwach-Tanks: http://www.rosenwachtank.com/

TKTS Ticket Center: https://www.tdf.org/nyc/7/TKTS-ticket-booths

Webseite des Minskoff Theaters: http://www.minskofftheatre.com/

Gedenkstätte World Trade Center: http://tributewtc.org/

Webseite des Century 21: http://www.c21stores.com/

Webseite der East River Ferry : http://www.eastriverferry.com/

Wikipedia-Artikel zur Highline :

http://de.wikipedia.org/wiki/High_Line

Bildnachweise

Alle Fotografien innerhalb dieses Buches stammen von Alexander Fischer.

Lesetipps

Lust auf mehr Reiseabenteuer? Hier finden Sie weiteren spannenden Lesestoff aus unserem GRIN & Travel Programm:

Der Süden Floridas: Miami, Key West und die Everglades

von Alexander und Cindy Fischer

Jetzt kaufen auf <u>grin.com.</u>

Weiße Sandstrände, erstaunliche Städte und atemberaubende Natur: Alexander und Cindy Fischer erkunden in ihrem neuen Reiseband den Süden Floridas. Vom malerischen Key West über die Sumpflandschaft der Everglades, von der glitzernden Großstadt Miami bis ins vorstädtisch-versnobte Fort Lauderdale vermitteln die beiden ihre Eindrücke über den Sunshine State. Dieser Band gibt nicht nur einen kurzen Überblick über die Hauptattraktionen rund um Miami, sondern enthält auch viele hilfreiche Tipps zur Reiseplanung und den Sehenswürdigkeiten im Land selbst sowie Informationen für Schnäppchenjäger und Leckermäulchen.

ISBN: 978-3-656-69319-2

Einmal quer durch Kanada

von Alexander & Cindy Fischer

Jetzt kaufen auf grin.com.

Berge, Seen, Wasserfälle und wilde Bären in Nationalparks einerseits und Großstadtflair in Vancouver, Toronto, Montreal und Ottawa andererseits - so malten sich Alexander und Cindy Fischer ihren 4-wöchigen Mietwagen- und Wanderurlaub in Kanada aus. In diesem Buch schildern sie ihre ganz persönlichen Eindrücke von den großen Nationalparks Jasper, Yoho, Mount Revelstoke und Banff und erzählen von ihrer Suche nach wilden Tieren, von schwierigen Wanderwegen, tosenden Wasserfällen und den fantastischen Berglandschaften, die Kanadas Natur so einzigartig machen. Auch in den Städten entdeckten die Autoren Ungewöhnliches und Interessantes: Eine dampfende Uhr in Vancouver, ein komplett überdachtes Straßensystem in Calgary, ein mittelalterlich anmutendes Schloss in Quebec, den rot-gold-leuchtenden Indian Summer in Ottawa und einen riesigen Turm in Toronto. Und natürlich darf auch ein Abstecher zu den berühmten Niagara-Fällen und ins nahe gelegene New York in den USA nicht fehlen. Sie erfahren in diesem Buch, was Sie bei einem Kanada-Besuch auf keinen Fall versäumen dürfen, aber auch, worauf Sie getrost verzichten sollten. Dazu liefern die Autoren jede Menge praktische Tipps, die auch gleich mit aktiven Links ins Internet versehen und somit direkt aus dem E-Book heraus aufrufbar sind. So können Sie Ihre Reise mit stets aktuellen Informationen z. B. zu Öffnungszeiten und Eintrittspreisen perfekt vorbereiten. ISBN: 978-3-656-36292-0

Südostasien – Der Weltreise dritter Teil

von Fabian Pitzer

Jetzt kaufen auf <u>grin.com</u>.

Der Foto-Blogger Fabian Pitzer und seine Kamera waren auf Weltreise. Sein drittes großes Ziel war Südostasien. In diesem Buch schildert er seine ganz persönlichen Eindrücke aus Thailand, Laos, China, Taiwan, Vietnam, Kambodscha und Myanmar und zeigt mit seinen kraftvollen Bildern bekannte und unbekannte Orte dieser Länder. Dabei stehen weniger die üblichen Sehenswürdigkeiten im Vordergrund, sondern vielmehr unberührte Stätten jenseits der klassischen Touristenpfade. Mit ausdrucksstarken Porträts zeigt Fabian Pitzer ganz authentisch die Menschen, ihre Kultur und ihre Art zu leben – und bezieht an der ein oder anderen Stelle sehr deutlich Position, wie es ihm als Mitteleuropäer in Südostasien erging. Pitzers weitere Reiseziele waren Arabien und Indien, die er in eigenen Bänden bei GRIN & Travel beschrieben hat.

ISBN: 978-3-656-31579-7